グレン・ミラー
Moonlight Serenade
（ムーンライト・セレナーデ）

in C

Music by Glenn Miller
山下国俊編曲

B
Am7-5 / D7
Gm7 / C7-9
F6
A♭○
Gm7
C7-5 C7 / C7+5
FM7/F6
F6 / FM7
FM7/ F9
D7 / / Gm7-5
FM7 / / Dm7
C
Gm7 Gm7-5 / Gm7
C7(6) / C7+5
FM7/ F7(6)
B♭
B♭m
Am7/A7 Dm E○
Cm6
Dm6 / E7
E7+5 / / E7
Am7-5/ D7
Gm7 / C7-9
D.C.
Coda
C7(6) / C7+5
F6 / B♭6
F F69

グレン・ミラー

Moonlight Serenade

（ムーンライト・セレナーデ）

B.Clef

Music by Glenn Miller
山 下 国 俊 編 曲

Am7-5 / D7
Gm7 / C7-9
B
F6
A♭o
Gm7
C7-5 C7 / C7+5
FM7/F6
F6 / FM7
FM7/F9
D7 / / Gm7-5
FM7 / / Dm7
Gm7 Gm7-5 / Gm7
C7(6) / C7+5
FM7/F7(6)
C
B♭
B♭m
Am7 A7 Dm E°
Cm6
Dm6 / E7
E7+5 / / E7
Am7-5 / D7
Gm7 / C7-9
D.C.
Coda
C7 6 C7+5
F6 / B♭6
F F69

グレン・ミラー

Moonlight Serenade

（ムーンライト・セレナーデ）

inB♭

Music by Glenn Miller
山下国俊編曲

B
Bm7-5 / E7
Am7 / D7-9
G6
B♭o
Am7
D7-5 D7 / D7+5
GM7/G6
G6 / GM7
GM7/G9
E7 / / Am7-5
GM7 / / Em7
C
Am7 Am7-5 / Am7
D7(6) / D7
GM7/G7(6)
C
Cm
Bm7 / B7 Em F#
Dm6
Em6 / F#7
F#7+5 / / F#7
Bm7-5 / E7
Am7 D7-9
D.C.
Coda
D7(6) / D7+5
G6 / C6
G69

グレン・ミラー
Moonlight Serenade
（ムーンライト・セレナーデ）

inE♭

Music by Glenn Miller
山下国俊編曲

B
C
F#m7-5 / B7
Em7 / A7-9
D6
F°
Em7
A7-5 A7 / A7+5
DM7/D6
D6/DM7
DM7/D9
B7 / / Em7-5
DM7 / / Bm7
Em7 Em7-5 / Em7
A7(6) / A7+5
DM7/D7(6)
G
Gm
F#m7 / F#7 Bm C#°
Am6
Bm6 / C#7
C#7+5 / / C#7
F#m7-5 / B7
Em7 / A7-9
D.C.
Coda
A7(6) / A7+5
D6 / G6
D D69

グレン・ミラー

Moonlight Serenade

（ムーンライト・セレナーデ）

Rhythm

Music by Glenn Miller
山 下 国 俊 編 曲

Swing (♩=76)

Am7-5 / D7
Gm7 / C7-9
B
F6
A♭○
Gm7
C7-5 C7 / C7+5
FM7/F6
F6 / FM7
FM7 / F9
D7 / / Gm7-5
FM7 / / Dm7
Gm7 Gm7-5 / Gm7
C7(6) / C7+5
FM7 / F7(6)
C
B♭
B♭m
Am7 /A7 Dm E○
Cm6
Dm6 / E7
Simile
E7+5 / / E7
Am7-5 / D7
Gm7 / C7-9
D.C.
Coda
C7(6) / C7+5
F69

ミュージックエイト

グレン・ミラー
Moonlight Serenade
（ムーンライト・セレナーデ）

Rhythm

Music by Glenn Miller
山下国俊編曲

Swing (♩=76)

Am7-5 / D7
Gm7 / C7-9
B
F6
A♭○
Gm7
C7-5 C7 / C7+5
FM7/F6
F6 / FM7
FM7/F9
D7 / / Gm7-5
FM7 / / Dm7
Gm7 Gm7-5 / Gm7
C7(6) / C7+5
FM7 / F7(6)
C
B♭
B♭m
Am7 /A7 Dm E°
Cm6
Dm6 / E7
Simile
E7+5 / / E7
Am7-5 / D7
Gm7 / C7-9
D.C.
Coda
C7(6) / C7+5
F69

ミュージックエイト

グレン・ミラー
Moonlight Serenade
（ムーンライト・セレナーデ）

Bass

Music by Glenn Miller
山下国俊編曲

Swing (♩=76)

B
C
3
D.C.
Coda

グレン・ミラー

Moonlight Serenade

（ムーンライト・セレナーデ）

Drums

Music by Glenn Miller
山下国俊編曲

Swing (♩=76)

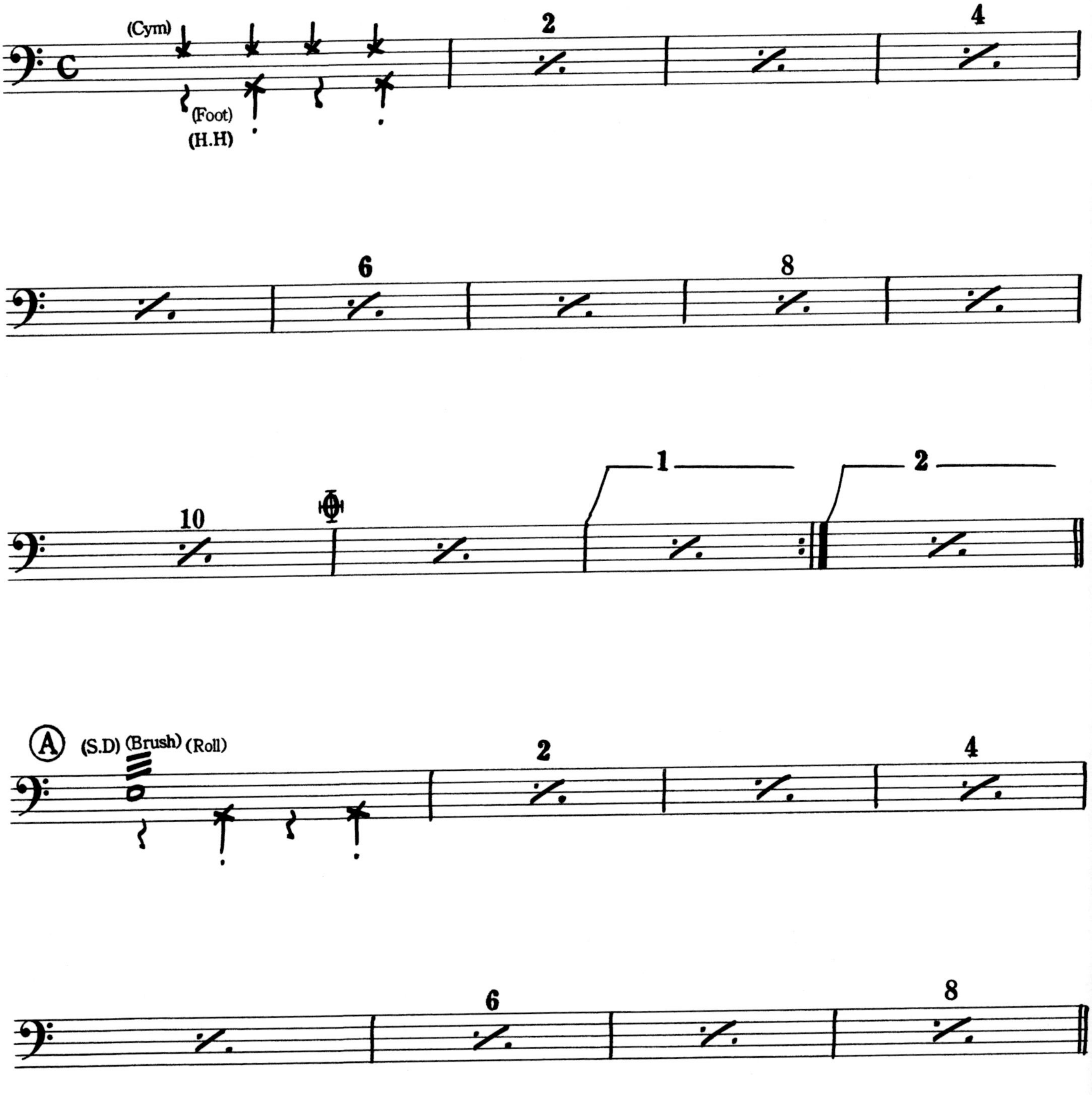

B
(Cym)
2
4
6
8
10
3
C
(B.D)
3
D.C.
Coda
(B.D)